Aufläufe

ofenfrisch verführerisch!

Autorinnen: Pia Richardt | Bärbel Schermer | Fotos: Michael Brauner

Inhalt

Theorie

Die Rezepte

Ofenzauber

So ein köstlich duftender Auflauf, dessen Aroma schon beim Backen die ganze Küche erfüllt, macht einfach jedem Riesenappetit. Und wenn er dann endlich aus dem Ofen kommt, lockt es alle wie von selbst an den Esstisch. Früher, als die Großmutter für ihre Enkel immer was ganz Besonderes auftischte, gab's als Nachtisch manchmal Reisauflauf mit Kompott. Wie locker und herrlich süß der schmeckte! Und auch unseren Rezepten kann heute kaum jemand widerstehen. Denn ob als Vorspeise, Hauptgericht oder Dessert – Aufläufe & Co. sind immer für eine köstliche Überraschung gut. Und deshalb heißt's jetzt nur noch: mischen, schichten und ab in den Ofen! Ein wenig Geduld, und dann wird's gaaaaaanz lecker!

Das Who's who der Aufläufe

Ob Auflauf, Gratin oder Soufflé: Bei all diesen Ofengerichten werden die Hauptzutaten (z. B. Nudeln oder Kartoffeln) zusammen mit anderen Geschmackszutaten (z. B. Kräutern, Gemüse etc.) entweder schichtweise oder vermischt in eine feuerfeste Form gegeben und im Ofen gebacken.

Die Klassiker: Aufläufe

Klassische Aufläufe basierten früher immer auf einer eierreichen (und edlen, weil teuren) Schaummasse. Die sorgt beim Backen dafür, dass die Masse in der Form etwas hochsteigt, im Küchenjargon „aufläuft". Und genau das macht solche Aufläufe so locker. In der modernen Küche ersetzt man die Schaummasse gerne durch Eiermilch oder Béchamelsauce. Beide sind einfach schneller zubereitet, lockern ebenfalls etwas auf und verbinden die sonstigen Zutaten auf cremige Art miteinander. Aufläufe werden überwiegend aus rohen Zutaten hergestellt und benötigen daher längere Garzeiten als ihre nahen Verwandten, die Gratins.

1 *Ein Ei bindet etwa die doppelte Menge seines Gewichts an Zutaten.*

Die Feinen: Gratins

Ihr Name ist Programm: Die Grundmasse, die in der Regel aus bereits gegarten Zutaten besteht, bekommt eine Saucen- oder Käsehaube und wird meist rasch und bei hoher Hitze im Ofen gratiniert, so dass sich zusätzliche Röst- und Aromastoffe bilden – die sorgen für den herrlichen Duft und Geschmack. Natürlich keine Regel ohne Ausnahme: Das französische Kartoffelgratin, das aus dünn geschnittenen rohen Kartoffelscheiben hergestellt wird, braucht etwas länger. Könige der Ofengerichte sind Gratins heute deshalb, weil Gratinköche gerne einmal etwas raffiniertere und teurere Zutaten wählen.

2 *Damit Soufflés gut aufgehen können, die Form höchstens zu zwei Dritteln füllen.*

Die Luftigen: Soufflés

Luft zum Löffeln – das bieten die Kaiser der Ofengerichte, die Soufflés, deren Name sich vom französischen „soufflér" – „blasen, aufblasen" ableitet. Hier stehen selbst Küchenprofis stramm und zollen der luftig-lockeren Edelvariante mit viel Ei (und Kalorien und Genuss!) Respekt. So hat's das Soufflé bis in die Haute Cuisine geschafft. Jetzt aber keine falsche Scheu – Soufflés gelingen mit den folgenden Rezepten und Tricks problemlos.

Gut in Form

➤ **Auswählen:** Keramik- und gusseiserne Formen eignen sich für Gratins und Aufläufe, da sie dickwandiger sind und damit die Wärme besonders gut leiten. In ovalen oder runden Formen garen die Zutaten in der Regel gleichmäßiger als in eckigen Formen.

➤ **Fetten:** Bei klassischen Aufläufen Formen mit etwas Butter oder Öl auspinseln. Bei Gratins ist das meist nicht nötig, da sie genügend Fett enthalten. Kleine Förmchen für Aufläufe, die gestürzt werden sollen, zusätzlich ausmehlen oder Semmelbrösel in der gebutterten Form verteilen. Bei Soufflés nur den Boden der Form fetten, sonst kann die empfindliche Masse nicht so gut an der Wand der Form hochsteigen.

➤ **Reinigen:** Formen am besten mit warmem Spülwasser und einer weichen Bürste reinigen. Fest anhaftende Rückstände einweichen. Die Spülmaschine eignet sich nur bedingt: Spülmittel- oder Klarspülerrückstände auf der Form fördern das Ankleben der Masse beim Backen.

1 **Große flache Formen** mit niedrigem Rand sind richtig für Gratins. Zutaten nur in ein bis zwei Lagen einschichten. So wird innen alles schnell gar und an der Oberfläche bildet sich eine nicht zu dunkle Kruste. Größere Mengen in der Fettpfanne des Backofens zubereiten.

2 **Hohe und halbhohe Formen** bieten sich für Aufläufe an, da diese beim Backen nach oben steigen. Die Formen bis etwa 3–4 Zentimeter unterhalb des Randes füllen. Sehr hohe Formen eignen sich für Aufläufe mit Schaummasse oder für Soufflés.

3 **Runde, hohe Formen** aus Keramik und Porzellan sind das Richtige für Soufflés, da sie die Wärme länger speichern als etwa Glasformen. Das Soufflé fällt dadurch nach dem Backen nicht so leicht in sich zusammen. Die Form maximal zu zwei Dritteln füllen.

4 **Portionsförmchen** eignen sich für Gratins oder Soufflés. Sie kommen z. B. bei festlichen Anlässen auf den Tisch. Das sieht schön aus, und jeder Gast bekommt sein eigenes Minigratin oder -soufflé. Auch Kinder lieben die Minis. Bitte beachten Sie die kürzeren Garzeiten.

Grundrezepte

Pikante Basis

Innen weich und cremig, außen goldbraun und kross: Bei pikanten Aufläufen & Co. kriegen Sie das mit einer Béchamelsauce, die über die eingeschichteten Zutaten gegossen wird, garantiert leicht hin. Das Grundrezept für die so genannte „weiße Sauce" lässt sich vielseitig variieren, etwa durch die Zugabe von Tomatenmark, Curry, Käse oder Kräutern, Wein etc. …

Béchamel-sauce

FÜR 4 PERSONEN:

- **1/2 l Milch**
- **3 EL Butter oder Margarine**
- **3 EL Mehl**
- **Salz**
- **Pfeffer**
- **Muskatnuss**

TIPP

Die Flüssigkeit zum Aufgießen der Mehlschwitze darf weder kochend heiß noch zu kalt sein, denn sonst bilden sich leicht Klümpchen. Und wenn es mal besonders schnell gehen muss, verwenden Sie einfach fertige Béchamelsauce aus der Packung.

1 *Die Milch in einem kleinen Topf erwärmen. In einem zweiten Topf die Butter oder Margarine schmelzen. Das Mehl dazugeben und unter Rühren in etwa 2 Min. goldgelb anschwitzen.*

2 *Den Topf von der Kochplatte ziehen. Warme Milch nach und nach mit einem Schneebesen in die heiße Mehlschwitze rühren. Kräftig schlagen, damit sich keine Klümpchen bilden!*

3 *Die Sauce zurück auf die Kochplatte stellen, aufkochen lassen und bei schwacher Hitze unter gelegentlichem Umrühren 5 Min. leise kochen lassen. Mit Salz, Pfeffer und Muskat abschmecken.*

Süßes Geheimnis

Was macht süße Aufläufe so unwiderstehlich? Eine Schaummasse aus Eiern. Die eingeschlagene Luft und die verwendeten Eigelbe lockern die Auflaufmasse und treiben sie beim Backen hoch auf. Die Schaummasse wird dazu so lange aufgeschlagen, bis sie von hellgelber Farbe ist und sich der zugegebene Zucker gelöst hat. Für Soufflés macht man dies über einem warmen Wasserbad.

Süße Schaummasse

FÜR 4 PERSONEN:

- **3–4 Eier**
- **60 g Butter**
- **75 g feiner Zucker**

TIPPS

Alle Zutaten mindestens 15–20 Min. vor der Zubereitung aus dem Kühlschrank nehmen, damit sie gleichmäßig Zimmertemperatur haben, sonst gerinnt die Masse leicht. Bereits geronnene Schaummasse (über dem heißen Wasserbad) leicht erwärmen und unter Rühren erkalten lassen: dazu Schüssel in kaltes Wasser stellen.

1 *Die Eier trennen. Die Eiweiße steif schlagen und kühl stellen. Die streichfähige, weiche Butter mit dem Handrührgerät in einer Schüssel schaumig schlagen, bis sie Spitzen zieht.*

2 *Abwechselnd Zucker und Eigelbe zugeben und jeweils auf höchster Stufe unterrühren, bis die Masse homogen bindet. Dann erst die weiteren Zutaten unter die Masse heben.*

3 *Je nach Rezept die Grundzutat (z. B. Reis, Grieß, Nudeln etc.) dazugeben und vorsichtig unter die Schaummasse rühren. Zuletzt den Eischnee vorsichtig unterheben.*

Eier & Sahne

Rund ums Ei

Gleich drei Aufgaben haben Eier in Aufläufen & Co. zu erfüllen: Sie lockern, binden und bewirken das Aufsteigen der Masse, das „Auflaufen". Während das Eigelb mehr für die Bindung zuständig ist, treibt das Eiweiß nach oben und gibt, vor allem beim Soufflé schön zu beobachten, der Speise flaumige Festigkeit.

Tipps vom Auflauf-Profi

➤ Für alle Aufläufe und Soufflés frische Eier verwenden. Ihr Eiweiß ist noch fest und damit gelingt ein besonders stabiler Eischnee.

1 *Eischnee gelingt besonders stabil (schnittfest) mit frischen Eiern.*

➤ Eier stets sehr sauber trennen. Eigelbspuren im Eiweiß sind Gift für Eischnee. Zum Aufschlagen fettfreie Rührbesen und Gefäße benutzen.

➤ Fertigen Eischnee zügig weiterverarbeiten. Ein Drittel unter die Auflauf- oder Soufflémasse rühren, den Rest locker unterheben.

Ei-Frischetest

Ei in ein großes Glas mit Salzwasser geben. Bleibt es am Boden liegen, ist es ganz frisch. Bei einem eine Woche alten Ei zeigt die flache Seite des Eis mit der Luftkammer schräg nach oben. Der Grund: Je länger ein Ei lagert, desto mehr Luft ist im Ei. Richtet es sich ganz auf, ist es 2–3 Wochen alt. Nicht für Mayonnaise verwenden!

Sahne & Co.

Saure Sahne, Crème fraîche oder süße Sahne machen den Auflauf schön saftig oder binden gleichzeitig. Sie werden entweder mit Eiern oder Käse verquirlt oder kommen solo zum Zug.

2 *Das linke Ei ist topfrisch, das rechte schon mehrere Wochen alt.*

➤ **Saure Sahne** ist ein mit Bakterien gesäuertes Milchprodukt, auch Sauerrahm genannt, mit einem Fettgehalt von mindestens 10 %.

➤ Die gehaltvolle **Crème fraîche** ist eine dicke saure Sahne mit 30 % Fett.

➤ **Crème double** ist – ähnlich wie Mascarpone – ein dicker süßer Rahm mit mehr als 40% Fett.

➤ **Sahne**, auch Schlagrahm genannt, hat 30 % Fett. Wem das zu mächtig ist, der verwendet stattdessen Schmand mit 24 % Fett oder Crème cuisine mit 20 % Fett.

Feine Käse

Emmentaler, Greyerzer und **Bergkäse** sind die beliebtesten Hartkäse in der Auflaufküche. Emmentaler können Sie fertig gerieben im Supermarkt kaufen, auch mit anderen Sorten gemischt.

Gouda, Edamer und auch **Raclette** gehören zu den Schnittkäsen, die für Aufläufe und Gratins gut geeignet sind. Sie haben einen niedrigen Wassergehalt, lassen sich gut reiben und schmelzen gleichmäßig.

Butterkäse, Esrom und der italienische **Fontina** sind halbfeste Schnittkäse. Ihre Konsistenz ist weicher, sie kommen ebenfalls gerieben oder in Scheibchen geschnitten auf Gratins oder Aufläufe.

Camembert ist wie **Brie** oder **Münster** ein Weichkäse, der hohen Temperaturen nicht lange standhält. Er eignet sich daher am allerbesten zum kurzen Gratinieren.

Roquefort und **Gorgonzola,** zwei Blauschimmelkäse, haben ein ausgeprägtes Aroma, das gut in Gratins zur Geltung kommt. Man kann sie auch mit Sahne zu einer Sauce schmelzen und über die Zutaten gießen.

Frischkäse und **Speisequark** können für Aufläufe mit Eiern und Milch verquirlt werden und saure Sahne oder Crème fraîche ersetzen. Probieren Sie auch gewürzte Sorten. Zum Überbacken ist Quark nicht geeignet.

Parmesan lässt sich gut reiben, zerfließt aber nur wenig. Er passt am besten in eine Béchamelsauce mit Käse oder in den Auflaufguss. Da er bei längerem Backen leicht bitter wird, eignet er sich nur zum kurzen Überbacken.

Mozzarella, der in Salzlake eingelegte Frischkäse, eignet sich gut zum Überbacken. Allerdings wird er bei langem Garen zäh, deshalb den Käse am besten für Gratins oder als Schichtkäse im Auflauf verwenden.

Weniger ist mehr

„Wenn das Aroma ist zunichten, wird es ein Stückchen Butter richten". Der Volksmund weiß: Fett ist ein Geschmacksträger – aber leider auch sehr kalorienträchtig. Das muss jedoch nicht so sein. So specken Sie Rezepte ab:

Low-fat-Tipps

- Wer Aufläufe und Gratins verschlanken möchte, kann beim Käse zu „Light"-Produkten greifen, deren Fettgehalt z. T. erheblich reduziert ist. Allerdings schmelzen diese Käse in der Regel nicht so gut. Bei Béchamel- oder Buttersaucen können Sie statt Butter Halbfettbutter oder -margarine wählen.

1 *Spart Fett: Käse zum Überbacken mit Semmelbröseln im Verhältnis 1:1 mischen.*

- Fett und Kalorien sparen Sie auch, wenn Sie bei der Béchamelsauce einen Teil der Milch durch Brühe oder Fond ersetzen. Und auf Butterflöckchen auf dem Auflauf verzichten.

- Käsesaucen werden fettärmer, wenn sie statt mit Mehlschwitze mit gekochten Kartoffeln gebunden werden. Dafür 200 g Kartoffeln waschen, schälen und grob reiben. In 300 ml Gemüsebrühe aufkochen, zugedeckt etwa 6 Minuten garen. 80 g geriebenen Emmentaler und 400 ml fettarme Milch dazugeben, alles mit dem Stabmixer pürieren. Mit Salz, Pfeffer, Muskat oder anderen Gewürzen abschmecken.

- Fleisch- und wursthaltige Rezepte verschlanken Sie, indem Sie stattdessen Räuchertofu verwenden. Diese vegetarische Variante ist zudem cholesterinärmer.

- Crème fraîche lässt sich gut durch Crème légère ersetzen – das halbiert die Fettmenge! Statt Sahne tut's auch mal die fettärmere Crème cuisine oder einfach fettarme Milch. Probieren Sie auch die pflanzlichen Produkte Vega légère oder Sojacreme.

2 *Für hauchdünnen Fettfilm Formen mit flüssiger Butter auspinseln.*

- Pinseln Sie die Formen mit Öl oder flüssiger Butter aus – dann wird der Fettfilm besonders dünn. Oder verwenden Sie gleich beschichtete Spezialformen.

Pannenhilfe

Retter der geronnenen Schaummasse

Bereits geronnene Schaummasse über dem heißen Wasserbad leicht erwärmen und unter Rühren erkalten lassen. Dazu am besten die Schüssel in kaltes Wasser stellen. Damit erst gar nichts gerinnt, nehmen Sie alle Zutaten mindestens 15–20 Minuten vor der Zubereitung aus dem Kühlschrank, damit sie gleichmäßig Zimmertemperatur annehmen können.

Last-Minute-Gratin

Wenn mal wieder alles zu spät ist: Geschälte Tomaten (Dose) abgießen und die Früchte mit kleinen, geputzten Pilzen mischen. Eine Gratinform mit der Mischung bodendeckend befüllen, salzen, pfeffern und ein Topping aus je 2 EL Semmelbrösel und gehackten Kräutern darüber streuen. Im Ofen goldbraun gratinieren und mit Weißbrot servieren.

Vorheizen vergessen?

Jetzt nur keine Sorgenfalten kriegen und etwa die schöne Auflaufmasse ungegart stehen lassen, bis die Backröhre heiß ist. Stattdessen sofort ab damit in den Ofen und (falls vorhanden) entweder die Umluftbeheizung einstellen oder auch einfach die Garzeit um 10–15 Minuten verlängern.

Zu farblos?

Ist der Auflauf nach abgelaufener Garzeit zu blass, verlängern Sie die Garzeit um maximal 5 Minuten. Falls dann der Bräunungsgrad immer noch zu wünschen übrig lässt, helfen Sie mit 2–3 Grillminuten nach (aber behalten Sie den Gaumenschmaus dabei im Auge!).

Zu dunkel?

Droht der Auflauf zu dunkel zu werden? Decken Sie die Leckerei rechtzeitig mit Alufolie ab, dann bräunt die Oberfläche nicht so stark.

Hilfe für erfolglose Schaumschläger

Das Eiweiß will nicht steif werden? Es dürfen keine Eigelbspuren zu sehen sein, Schneebesen und Schüssel müssen total fettfrei sein. Wenn's trotzdem nichts wird, hilft nur eines: Noch mal ganz von vorne anfangen – mit frischem Eiweiß von sehr frischen Eiern und blitzsauberem Topf!

Nudeln, Reis & Co.

Sie passen einfach zu allem: Nudeln, Reis, Polenta und Brot haben als Basiszutat in Aufläufen so richtig Karriere gemacht. Die genialen Verwandlungskünstler schmecken immer wieder anders, je nachdem, mit welchem Gemüse, Käse oder Fleisch sie kombiniert werden. Entdecken Sie die Vielfalt unter goldbraunen Knusperkrusten.

Blitzrezepte

Tomaten-Nudelauflauf

FÜR 4 PERSONEN

- 300 g Tagliatelle | 200 g Tomatenquark mit Basilikum (Kühlregal) | 1/8 l Milch 100 g frisch geriebener Edamer | 1 Ei Salz | Pfeffer | 1 große Tomate | 200 g Kasseler Rücken | 1 Dose grüne Bohnen (220 g Abtropfgewicht)
- Butter für die Form

1 | Backofen auf 200° vorheizen. Nudeln bissfest garen. Auflaufform fetten. Quark mit Milch, 80 g Käse und dem Ei verquirlen, salzen und pfeffern. Tomate waschen, ohne Stielansatz würfeln. Kasseler würfeln.

2 | Nudeln und Bohnen jeweils abgießen und kurz abtropfen lassen. Mit Kasseler, Tomate und Quark-Käse-Mix vermengen. Alles in die Form geben und mit dem restlichen Käse bestreuen. Im Backofen (Mitte, Umluft 180°) 30 Min. überbacken.

Schupfnudelauflauf

FÜR 4 PERSONEN

- 1 dicke Stange Lauch | 1 EL Öl | Salz Pfeffer | 500 g Schupfnudeln (Kühltheke) | 4–5 getrocknete, in Öl eingelegte Tomaten | 200 g geriebener Emmentaler 200 g Sahne
- Butter für die Form

1 | Backofen auf 220° (Umluft 200°) vorheizen. Lauch putzen, waschen, in hauchdünne Ringe schneiden und in dem Öl 1–2 Min. anbraten. Salzen und pfeffern.

2 | Schupfnudeln dazugeben und alles bei mittlerer Hitze 5 Min. weiterbraten. Tomaten klein schneiden und untermischen. Alles in eine gebutterte Gratinform geben, mit dem Käse bestreuen und mit der Sahne übergießen. Im Backofen (Mitte) 20 Min. überbacken.

herzhaft | für Gäste

Schweizer Brotgratin

FÜR 4 PERSONEN

- **1 Knoblauchzehe**
  12 Scheiben Weißbrot vom Vortag
  4 EL trockener Weißwein
  300 g Greyerzer oder Raclette in Scheiben
  3 Eier | 400 ml Milch
  Muskatnuss | Salz | Pfeffer
- **Butter für die Form**

Zubereitung: 30 Min.
Backzeit: 25 Min.
Pro Portion ca.: 590 kcal

1 | Den Knoblauch schälen, halbieren und eine Gratinform damit ausreiben. Form ausbuttern. Die Brotscheiben toasten und mit dem Wein beträufeln. Den Backofen auf 175 ° vorheizen.

2 | Brotscheiben im Wechsel mit den Käsescheiben dachziegelartig in die Gratinform einschichten.

3 | Die Eier mit der Milch verquirlen, mit Muskat, Salz und Pfeffer würzen, über die Brot- und Käsescheiben gießen. Im Backofen (Mitte, Umluft 160 °) 25 Min. backen. Zum Brotgratin einen grünen Salat servieren.

TIPP Essen Kinder mit, die Brotscheiben nicht mit Wein beträufeln, sondern mit insgesamt 2 EL Tomaten- oder Schnittlauchbutter bestreichen.

gelingt leicht | preiswert

Bunter Nudelauflauf

FÜR 4–6 PERSONEN

- **je 150 g Brokkoli, Möhren und rote Paprika**
  250 g Penne oder Makkaroni
  Salz
  1 kleine Dose Mais (140 g Abtropfgewicht)
  1/4 l Milch | 4 Eier | Pfeffer
  Muskatnuss | 125 g frisch geriebener Edamer
  2 EL Semmelbrösel
- **Butter für die Form**
  Butterflöckchen

Zubereitung: 40 Min.
Backzeit: 40–45 Min.
Pro Portion ca.: 580 kcal

1 | Brokkoli putzen, in Röschen teilen und waschen. Möhren schälen und in dünne Scheiben schneiden. Paprika waschen, halbieren, Stielansatz und Kerne entfernen, Fruchtfleisch würfeln.

2 | Inzwischen für die Nudeln reichlich Salzwasser aufkochen. Backofen auf 200 ° vorheizen. Nudeln im kochenden Salzwasser nach Packungsangabe bissfest garen, in ein Sieb abgießen, kalt abschrecken und abtropfen lassen.

3 | Die Brokkoliröschen und die Möhrenscheiben in wenig Salzwasser in ca. 5 Min. bissfest dünsten, in ein Sieb abgießen, kalt abschrecken und abtropfen lassen. Mais abtropfen lassen.

4 | Gemüse und Nudeln in die gebutterte Auflaufform füllen. Milch und Eier verquirlen, mit Salz, Pfeffer und Muskat würzen. Über die Gemüse-Nudelmischung geben, alles mit Käse und Semmelbrösel bestreuen, mit Butterflöckchen belegen. Im Backofen (Mitte, Umluft 180 °) 40–45 Min. garen.

◄ *im Bild oben:* **Bunter Nudelauflauf** *im Bild unten:* **Schweizer Brotgratin**

vegetarisch

Farfalle-Wirsing-Auflauf

FÜR 4 PERSONEN:

- **300 g Farfalle | Salz**
  1 Kopf Wirsing (ca. 1 kg)
  1 kleine Süßkartoffel
  200 g Gorgonzola
  2 Orangen
  150 g Vega légère (ersatzweise Crème fraîche)
  Cayennepfeffer
- **Butter für die Form**

Zubereitung: 40 Min.
Backzeit: 30 Min.
- Pro Portion ca.: 700 kcal

1 | In einem Topf für die Nudeln reichlich Salzwasser aufkochen. In einem anderen Topf zwei Tassen Salzwasser zum Kochen bringen. Inzwischen Wirsing putzen, Mittelrippen herausschneiden, Blätter in dünne Streifen schneiden. Süßkartoffel schälen und klein würfeln.

2 | Die Wirsingstreifen und die Süßkartoffelwürfel 10–15 Min. in wenig Wasser dünsten, die Nudeln in 8–10 Min. bissfest kochen. Gemüse und Nudeln jeweils abgießen, kalt abschrecken und miteinander vermischen. Backofen auf 200° vorheizen.

3 | Gorgonzola mit einer Gabel zerdrücken. Orangen auspressen, den Saft mit der Verfeinerungscreme verquirlen, die Mischung mit dem Käse verrühren und mit Salz und Cayennepfeffer pikant abschmecken. Eine hohe Auflaufform ausbuttern.

4 | Abwechselnd Gemüse-Nudelmischung und Gorgonzola-Creme in die Form füllen. Mit Gorgonzola-Creme abschließen. Auflauf im Backofen (Mitte, Umluft 180°) 30 Min. überbacken.

herzhaft | gelingt leicht

Bandnudelauflauf mit Chorizo

FÜR 4 PERSONEN:

- **250 g Bandnudeln**
  Salz | 200 g rote Linsen
  100 g Chorizo (spanische Paprikawurst)
  1 rote Paprikaschote
  400 ml Milch | 100 g Sahne
  3 EL Speisestärke
  100 g frisch geriebener Parmesan
  Tabascosauce
- **Butter für die Form**

Zubereitung: 25 Min.
Backzeit: 30 Min.
- Pro Portion ca.: 730 kcal

1 | Backofen auf 175° vorheizen. Bandnudeln in Salzwasser bissfest kochen. Nudeln abgießen, abschrecken und abtropfen lassen.

2 | Inzwischen die Linsen kurz waschen und ebenfalls abtropfen lassen, Chorizo in dünne Scheiben schneiden. Paprika waschen, putzen und würfeln.

3 | Milch und Sahne aufkochen. Speisestärke mit etwas Wasser anrühren, in die Milch-Sahne einrühren und einmal aufkochen. Parmesan einrühren. Die Käse-Sahne mit Salz und Tabasco abschmecken. Eine Auflaufform ausbuttern.

4 | Alles vermengen und in die Form geben. Im Backofen (Mitte, Umluft 160°) ca. 30 Min. backen.

◀ *im Bild oben:* **Farfalle-Wirsing-Auflauf** *im Bild unten:* **Bandnudelauflauf mit Chorizo**

Spezialität aus Italien

Polentagratin mit Mozzarella

FÜR 4 PERSONEN

- **3 EL Öl**
- **200 g Instant-Maisgrieß (Polenta)**
- **Salz**
- **1 Zwiebel**
- **250 g Hackfleisch**
- **500 g passierte Tomaten**
- **Pfeffer**
- **1 TL getrockneter Oregano**
- **50 g frisch geriebener Bergkäse**
- **250 g Mozzarella**

Zubereitung: 30 Min.
Backzeit: 25–30 Min.
Pro Portion ca.: 615 kcal

1 | Auflaufform mit 1 EL Öl auspinseln. Für die Polenta 1 l Salzwasser zum Kochen bringen, den Maisgrieß unter Rühren einrieseln lassen. Maisgrieß bei mittlerer Hitze 5 Min. leise kochen lassen, dabei immer wieder kräftig durchrühren. Die Hälfte der Polenta 1 cm dick auf ein Holzbrett streichen, abkühlen lassen und den Rest in die vorbereitete Auflaufform streichen.

2 | Zwiebel schälen und fein hacken. Das restliche Öl erhitzen, Zwiebel darin andünsten. Hackfleisch dazugeben und kräftig anbraten. Tomaten dazugeben, mit Salz, Pfeffer und Oregano würzen und die Sauce 10 Min. bei mittlerer Hitze kochen lassen. Backofen auf 200° vorheizen.

3 | Die Hälfte der Hackfleisch-Tomatensauce auf die Polenta in der Auflaufform geben. Mit der Hälfte des Bergkäses bestreuen. Mozzarella in Scheiben schneiden. Die Hälfte in die Form schichten. Die Polenta auf dem Brett in 1–2 cm breite und 4 cm lange Streifen schneiden.

4 | Polentastreifen, restlichen Mozzarella und übrige Sauce in die Form schichten, mit restlichem Bergkäse bestreuen. Im Backofen (Mitte, Umluft 180°) in 25–30 Min. goldbraun backen.

TIPP Im Sommer frischen Oregano verwenden. Sie brauchen ungefähr 2–3 Zweige.

1 **Streichen**
Polenta auf ein Holzbrett streichen.

2 **Schneiden**
Polenta auf dem Brett in Streifen schneiden.

3 **Schichten**
Polentastreifen, Mozzarella und Sauce in die Form schichten.

kinderleicht | preiswert

Makkaroniauflauf mit Zucchini

FÜR 4 PERSONEN

- **2 Zucchini (grün und gelb)**
  Salz | 250 g Makkaroni
  100 g Cocktailtomaten
  150 g frisch geriebener Bergkäse
  1 Knoblauchzehe
  1 Ei
  100 g Sahne
  1 TL Pesto | Pfeffer
- **Butter für die Form**

Zubereitung: 30 Min.
Backzeit: 25–30 Min.
- Pro Portion ca.: 500 kcal

1 | Die Zucchini waschen, putzen und grob reiben. Mit wenig Salz bestreuen und 10 Min. ziehen lassen. Dann gut abtropfen lassen und ausdrücken. Den Backofen auf 200° vorheizen. Eine Auflaufform ausbuttern.

2 | Die Makkaroni in kürzere Stücke brechen und in reichlich Salzwasser nach Packungsangabe bissfest garen. Dann abgießen, kalt abschrecken und in einem Sieb abtropfen lassen.

3 | Cocktailtomaten waschen und vierteln. Mit dem Käse, den Zucchini und den Makkaroni in die Auflaufform geben.

4 | Knoblauch schälen. Ei mit Sahne und Pesto verrühren, Knoblauch dazupressen, mit Salz und Pfeffer abschmecken. Über die Nudelmischung gießen, im Backofen (Mitte, Umluft 180°) in 30 Min. goldbraun backen.

crossover | gelingt leicht

Couscousauflauf

FÜR 4 PERSONEN:

- **2 Auberginen (600 g) | Salz**
  4 reife Tomaten (500 g)
  1 Knoblauchzehe
  2 EL Butter | Pfeffer
  je 2–3 EL frisch gehackte Minze und Petersilie
  gut 200 ml Gemüsebrühe
  200 g Instant-Couscous
  50 g frisch geriebener Parmesan
  2 Eigelbe
- **Butter für die Form**

Zubereitung: 45 Min.
Backzeit: 30 Min.
- Pro Portion ca.: 350 kcal

1 | Auberginen waschen, schälen und in 1 cm große Würfel schneiden. Mit etwas Salz bestreuen und für ca. 10 Min. in ein Sieb geben. Tomaten überbrühen, häuten und vierteln. Eine Auflaufform ausbuttern.

2 | Knoblauch schälen und klein hacken. Tomaten in 1 EL Butter offen bei schwacher bis mittlerer Hitze 5 Min. andünsten. Auberginen und Knoblauch dazurühren, salzen und pfeffern. Alles offen ca. 20 Min. bei schwacher Hitze dünsten, dabei gelegentlich umrühren. Minze und Petersilie unterrühren.

3 | Backofen auf 200° vorheizen. Brühe aufkochen. Vom Herd ziehen, Couscous einstreuen und nach Packungsangabe 3–5 Min. zugedeckt ziehen lassen. Dann restliche Butter, Parmesan und Eigelbe unterrühren. Hälfte der Masse in die vorbereitete Form geben. Darauf das Auberginenragout füllen und mit dem restlichen Couscous bedecken. Auflauf im Backofen (Mitte, Umluft 180°) 30 Min. backen.

◄ *im Bild oben:* **Makkaroniauflauf mit Zucchini** *im Bild unten:* **Couscousauflauf**

für Gäste | mediterran

Risottoauflauf mit Spargel

FÜR 3–4 PERSONEN

- **1 Zwiebel**
  250 g grüner Spargel
  3 EL Öl
  200 g Risottoreis (z. B. Arborioreis)
  ca. 1 l Gemüsebrühe
  Salz
  Pfeffer
  125 g Mozzarella
  2 Eier
  50 g frisch geriebener Parmesan

◷ Zubereitung: 40 Min.
◷ Backzeit: 50–60 Min.
➤ Pro Portion ca.: 470 kcal

1 | Die Zwiebel schälen und fein hacken. Spargel waschen und putzen. Falls nötig im unteren Drittel schälen, Stangen dritteln.

2 | In einem Topf 2 EL Öl erhitzen und die Zwiebel darin glasig dünsten. Den Spargel kurz mitbraten. Den Reis einstreuen und ebenfalls glasig dünsten.

3 | Alles mit gut 1/8 l Gemüsebrühe ablöschen und fast einkochen lassen. Risotto mit Salz und Pfeffer abschmecken. Dann nach und nach gut 1/2 l Gemüsebrühe hinzufügen und den Reis bei schwacher Hitze in 15–20 Min. ausquellen lassen. Falls nötig, noch mehr Brühe angießen.

4 | Inzwischen Backofen auf 200 ° vorheizen. Eine hohe Auflaufform mit restlichem Öl auspinseln.

5 | Den Mozzarella in kleine Würfel schneiden, Eier trennen. Die Eiweiße steif schlagen, die Eigelbe unter den fertigen Risotto rühren. Danach den Eischnee vorsichtig unterheben.

6 | Ein Drittel des Risottos in die vorbereitete Form geben, mit der Hälfte des Mozzarella und des Parmesan bestreuen. Ein weiteres Drittel Risotto und den restlichen Käse einschichten, übrigen Risotto darauf verteilen. Auflauf im Backofen (Mitte, Umluft 180 °) in 50–60 Min. goldgelb backen.

TIPPS

Risottoauflauf nach Belieben mit Petersilie garnieren. Statt mit grünem Spargel schmeckt der Auflauf auch sehr gut mit Artischocken. Dazu 7–8 kleine, zarte Artischocken von den harten äußeren Blättern befreien. Die Stielansätze kürzen oder leicht schälen und die Artischocken in dünne Scheiben schneiden. Wenn nötig „Heu“ aus dem Inneren entfernen, Artischockenscheiben in Zitronenwasser legen. Statt Zwiebel 2–3 Knoblauchzehen schälen und im Öl anbraten. Die Artischockenscheiben dazugeben und kurz mitbraten. Reis einstreuen und wie beim Risottoauflauf mit Spargel garen und backen.

Ob mit Spargel oder Artischocken: Sie können den Risottoauflauf zusätzlich mit Garnelen zubereiten. Dazu einige geschälte, rohe Garnelen in Olivenöl anbraten, mit Salz, Pfeffer und Knoblauch würzen und mit einschichten.

Kartoffeln & Gemüse

Der Klassiker unter den Gemüsegerichten aus dem Backofen ist natürlich das Kartoffelgratin, das sich hervorragend variieren lässt. Doch auch anderen Gemüsesorten sowie Pilzen bekommt das Schmurgeln im heißen Rohr. Manche plustern sich sogar zu feinen Soufflés für ganz besondere Gelegenheiten auf. Das Ergebnis: schlichtweg köstlich!

Blitzrezepte

Mozzarellagratin

FÜR 4 PERSONEN

➤ **1/2 Bund Basilikum | 6 EL Semmelbrösel
1 EL frisch gehackte Petersilie
3 Fleischtomaten (550 g)
250 g Mozzarella | 3 EL Oliven-Zitronenöl | Salz | Pfeffer**

1 | Backofen auf 175° (Umluft 160°) vorheizen. Basilikumblättchen abreiben. Abzupfen, fein hacken und mit Semmelbröseln und Petersilie mischen.

2 | Tomaten waschen und in dünne Scheiben schneiden. Mozzarella in Scheiben schneiden. Gratinform mit 1/2 EL Oliven-Zitronenöl auspinseln. Tomaten- und Mozzarellascheiben dachziegelartig einschichten. Mit restlichem Öl beträufeln, salzen und pfeffern. Mit den Kräuter-Bröseln bestreuen und im Backofen (Mitte) in 5–6 Min. hellbraun gratinieren.

Austernpilzgratin

FÜR 4 PERSONEN

➤ **800 g Austernpilze | 4 EL Öl | Salz
Pfeffer | 1 Bund Petersilie | 2 Knoblauchzehen | 2 TL abgeriebene Zitronenschale
1 EL Zitronensaft**

1 | Die Austernpilze putzen und abreiben. In einer Pfanne 3 EL Öl erhitzen. Die Pilze darin 2–3 Min. bei starker Hitze anbraten. Salzen und pfeffern.

2 | Backofen auf 200° (Umluft 180°) vorheizen. Petersilie waschen, Knoblauch schälen, beides hacken und mit der Zitronenschale mischen.

3 | Pilze in eine Gratinform oder vier kleine Förmchen geben und mit der Petersilienmischung bestreuen. Zitronensaft und restliches Öl darüber träufeln und im Backofen (Mitte) ca. 15 Min. gratinieren.

vegetarisch | preiswert

Blumenkohl-Kartoffelauflauf

FÜR 4 PERSONEN

- **1 kleiner Blumenkohl**
  5 Kartoffeln (ca. 500 g)
  Salz | 1/4 l Milch
  1/4 l Gemüsebrühe
  3 EL Butter | 3 EL Mehl
  2 TL Curry | 2 Möhren
  150 g geriebener Emmentaler
- **Butter für die Form**

Zubereitung: 30 Min.
Backzeit: 15 Min.
- Pro Portion ca.: 370 kcal

1 | Blumenkohl und Kartoffeln waschen. Blumenkohl in Röschen teilen, Kartoffeln schälen und in Scheiben schneiden. Beides ca. 10 Min. in Salzwasser bissfest garen, abgießen und abtropfen lassen. Backofen auf 200° (Umluft 180°) vorheizen.

2 | Die Milch in einem Topf erhitzen, Brühe dazugießen. Butter in einem weiteren Topf schmelzen, das Mehl darin in 1–2 Min. goldgelb anschwitzen. Die warme Milch-Brühemischung unterrühren.

3 | Béchamelsauce unter ständigem Rühren aufkochen und 5 Min. leise kochen lassen, bis die Sauce sämig wird. Mit Curry und Salz abschmecken. Eine Auflaufform ausbuttern.

4 | Möhren putzen und fein raspeln. Blumenkohl und Kartoffelscheiben in die vorbereitete Auflaufform geben. Möhrenraspel darauf streuen und mit der Curry-Béchamel bedecken. Mit dem Käse bestreuen. Im Backofen (Mitte) 15 Min. überbacken.

Klassiker | gelingt leicht

Überbackene Lauchrollen

FÜR 4 PERSONEN

- **4 Stangen Lauch**
  1/2 l Gemüsebrühe
  100 g Raclette | 3 EL Butter
  2 1/2 EL Mehl | 1/4 l Milch
  Muskatnuss | Salz | Pfeffer
  8 Scheiben gekochter Schinken
- **Butter für die Form**

Zubereitung: 20 Min.
Backzeit: 20 Min.
- Pro Portion ca.: 380 kcal

1 | Lauch putzen, längs aufschlitzen und gründlich waschen. Lauch in 8 ca. 10 cm lange Stücke schneiden.

2 | Die Brühe aufkochen und die Lauchstücke darin bei schwacher Hitze 6 Min. vorgaren. Lauch abtropfen lassen und die Brühe dabei auffangen. Den Käse grob reiben. Eine Gratinform ausbuttern.

3 | Backofen auf 200° vorheizen. Butter in einem Topf schmelzen und das Mehl darin hell anschwitzen. Nach und nach 1/4 l Brühe, dann die Milch einrühren. Käse unterziehen und die Sauce mit Muskat, Salz und Pfeffer abschmecken.

4 | Jedes Lauchstück mit 1 Scheibe Schinken umwickeln und nebeneinander in die vorbereitete Form legen. Mit der Käsesauce übergießen und im Backofen (Mitte, Umluft 180°) in ca. 20 Min. goldgelb überbacken.

Klassiker | preiswert

Kartoffelgratin

FÜR 4 PERSONEN:

- **1 kg vorwiegend fest kochende Kartoffeln**
  1 Knoblauchzehe
  Salz | Pfeffer | Muskatnuss
  250 g Sahne | 250 ml Milch
- **Butter für die Form**
  Butterflöckchen

Zubereitung: 30 Min.
Backzeit: 45–50 Min.
- Pro Portion ca.: 380 kcal

1 | Backofen auf 200 ° vorheizen. Kartoffeln schälen, waschen und in sehr dünne Scheiben hobeln.

2 | Knoblauchzehe schälen, halbieren und eine große, flache Gratinform damit ausreiben. Form ausbuttern. Die Kartoffelscheiben dachziegelartig in die Form schichten, dabei salzen, pfeffern und mit wenig Muskat bestreuen.

3 | Sahne und Milch verrühren und die Kartoffelscheiben damit begießen, mit Butterflöckchen belegen. Im Backofen (Mitte, Umluft 175 °) in 45–50 Min. goldbraun backen.

macht was her

Kartoffel-Kürbis-Gratin

FÜR 4 PERSONEN:

- **400 g vorwiegend fest kochende Kartoffeln**
  600 g Kürbisfleisch (Muskatkürbis oder Hokkaido)
  1–2 TL gelbe Currypaste (Asienladen)
  500 ml ungesüßte Kokosmilch
  1 Prise Zucker | Salz
  1 EL frisch gehackte Korianderblättchen

Zubereitung: 40 Min.
Backzeit: 35–40 Min.
- Pro Portion ca.: 120 kcal

1 | Backofen auf 200 ° vorheizen. Kartoffeln schälen, waschen und in hauchdünne Scheiben hobeln. Kürbisfleisch ebenfalls in sehr dünne Scheiben schneiden. Kartoffel- und Kürbisscheiben dachziegelartig in eine Gratinform schichten.

2 | Gelbe Currypaste in eine Schale geben, mit Kokosmilch glatt rühren, mit dem Zucker und nach Belieben mit etwas Salz abschmecken.

3 | Curry-Kokosmilch über die Kartoffel- und Kürbisscheiben gießen. Alles im Backofen (Mitte, Umluft 180 °) 35–40 Min. backen. Herausnehmen und mit Koriander bestreuen.

TIPP

Für ein Kartoffel-Pilz-Gratin 500 g Kartoffeln mit Schale garen und etwas auskühlen lassen. Inzwischen 500 g gemischte Pilze putzen und in Scheiben schneiden. Pilze in 1 EL Butterschmalz kurz anbraten, salzen, pfeffern und mit 4 EL Weißwein ablöschen. Kartoffeln schälen, in Scheiben schneiden, in eine große Gratinform schichten, salzen, pfeffern und mit Thymianblättchen bestreuen. Pilze darauf verteilen. 200 g Sahne und 125 ml Milch verrühren, über Kartoffeln und Pilze gießen. Alles im vorgeheizten Backofen (Mitte, Umluft 180 °) bei 200 ° in ca. 30 Min. goldgelb backen.

◄ *im Bild oben:* **Kartoffel-Kürbis-Gratin** *im Bild unten:* **Kartoffelgratin**

für Festtage

Bärlauchsoufflé

FÜR 4 PERSONEN:

- **100 g Bärlauch (ersatzweise Rucola)**
  1 Schalotte | 40 g Butter
  Salz | Pfeffer
  1/4 l Milch | 30 g Mehl
  4 Eier | 1 Eiweiß
  100 g geriebener Emmentaler
- **Butter für die Form**

Zubereitung: 40 Min.
Backzeit: 25–30 Min.
- Pro Portion ca.: 330 kcal

1 | Den Bärlauch waschen, tropfnass in einen Topf geben und bei mittlerer Hitze zusammenfallen lassen. In einem Sieb abtropfen lassen, dabei leicht ausdrücken und anschließend fein hacken.

2 | Die Schalotte schälen und in kleine Würfel schneiden. Knapp 1 EL Butter in einem Topf schmelzen, Schalottenwürfel darin andünsten. Den Bärlauch dazugeben und kurz mitdünsten. Salzen, pfeffern und beiseite stellen.

3 | Backofen auf 200 ° vorheizen. In einem zweiten Topf die Milch erwärmen. In einem weiteren Topf die restliche Butter schmelzen und das Mehl darin unter Rühren anschwitzen.

4 | Nach und nach die warme Milch mit einem Schneebesen einrühren. Sauce mit Salz und Pfeffer abschmecken und unter gelegentlichem Rühren 5 Min. leise kochen lassen. Dann vom Herd nehmen.

5 | Eier trennen. Die Eigelbe nacheinander unter die Sauce ziehen, dabei ständig rühren. Den Emmentaler bis auf 2 EL unter Rühren unterziehen. Den angedünsteten Bärlauch untermischen. Die Eiweiße mit einer Prise Salz steif schlagen. Ein Drittel des Eischnees unter die Bärlauchmasse rühren, den Rest unterheben. Souffléform am Boden mit Butter ausstreichen.

6 | In die Fettpfanne des Backofens ca. 2 cm hoch Wasser einfüllen, Bärlauchmasse in die Form füllen, mit dem restlichen Emmentaler bestreuen. Im vorgeheizten Backofen (Mitte, Umluft 180 °) in 25–30 Min. hellbraun backen. Das Bärlauchsoufflé schmeckt zu Lammbraten oder auch solo mit Tomatensalat.

TIPP

Brokkolisoufflé

Backofen auf 220 ° (Umluft 200 °) vorheizen. 500 g Brokkoli waschen, putzen und in Röschen teilen. 1 Orange auspressen. Den Orangensaft in einen Topf geben und den Brokkoli darin 10–15 Min. dünsten, salzen und pfeffern. Brokkoli mit dem Pürierstab pürieren. 2 EL Mehl mit etwas Wasser anrühren und mit 200 g Crème fraîche zum Brokkolipüree geben. Alles kurz aufkochen, dann etwas abkühlen lassen. 4 Eigelbe und 100 g frisch geriebenen Greyerzer verrühren und unter die lauwarme Masse ziehen. 6 Eiweiße zu sehr steifem Schnee schlagen und unterheben. Masse wie beim Bärlauchsoufflé einfüllen und bei 175 ° (Umluft 160 °) in 25 Min. goldbraun backen.

gelingt leicht | herzhaft

Gemüsetopf-auflauf

FÜR 4 PERSONEN

- 300 g grüne Bohnen
  200 g Möhren
  200 g Kartoffeln
  Salz
  30 g Butter | 30 g Mehl
  100 g Crème fraîche
  1 Knoblauchzehe
  Pfeffer
  120 g Gorgonzola
- Butter für die Form

Zubereitung: 30 Min.
Backzeit: 20–30 Min.
- Pro Portion ca.: 350 kcal

1 | Die Bohnen putzen, waschen und schräg in ca. 3 cm lange Stücke schneiden. Die Möhren und Kartoffeln schälen, waschen und in Scheiben schneiden. Den Backofen auf 200 ° vorheizen.

2 | Die Bohnen in reichlich kochendem Salzwasser 5 Min. vorgaren. Kartoffel- und Möhrenscheiben dazugeben und alles 5 Min. weitergaren. Auflaufform ausbuttern. Das Gemüse abgießen, dabei 1/4 l Kochwasser auffangen.

3 | Butter in einem Topf schmelzen, das Mehl darin unter Rühren anschwitzen. Gemüsewasser und Crème fraîche nach und nach unterrühren, kurz aufkochen lassen. Den Knoblauch schälen und durch die Presse dazudrücken. Sauce mit Salz und Pfeffer abschmecken.

4 | Das Gemüse in die vorbereitete Auflaufform geben und die Sauce darüber gießen. Den Gorgonzola in Würfel schneiden und auf dem Gemüse verteilen. Im Backofen (Mitte, Umluft 180 °) in 20–30 Min. goldgelb überbacken.

als Beilage

Rosenkohl-gratin

FÜR 4 PERSONEN

- 1 kg Rosenkohl
  Salz
  150 g geriebener Emmentaler
  50 g Semmelbrösel
  125 g Sahne
  Pfeffer | Muskatnuss
- Butter für die Form
  Butterflöckchen

Zubereitung: 20 Min.
Backzeit: 10–15 Min.
- Pro Portion ca.: 360 kcal

1 | Backofen auf 250 ° (Umluft 220 °) vorheizen. Rosenkohl waschen, putzen und an der Strunkseite jeweils kreuzweise einschneiden. Die Röschen in Salzwasser in 5–10 Min. bissfest garen, danach in einem Sieb gut abtropfen lassen. Eine Gratinform ausbuttern.

2 | Die Rosenkohlröschen in die vorbereitete Gratinform geben, Butterflöckchen darauf verteilen.

3 | Emmentaler, Semmelbrösel und Sahne miteinander verrühren, Mischung mit Salz, Pfeffer und Muskat abschmecken.

4 | Die Käsemischung über den Rosenkohl gießen und alles im Backofen (Mitte) 10–15 Min. überbacken.

- Beilage: Pellkartoffeln und kurzgebratene Schweinemedaillons

◄ *im Bild oben:* **Gemüsetopfauflauf** *im Bild unten:* **Rosenkohlgratin**

aus der Schweiz

Ofenguck

FÜR 4 PERSONEN

➤ **1 kg mehlig kochende Kartoffeln | Salz**
100 g gekochter Schinken
150 g Greyerzer
80 g durchwachsener Speck
250 g Sahne
Pfeffer | Muskatnuss
4 Eier
1 EL Schnittlauchröllchen

⏲ Zubereitung: 40 Min.
⏲ Backzeit: 30 Min.
➤ Pro Portion ca.: 720 kcal

1 | Die Kartoffeln schälen, waschen und vierteln. In wenig Salzwasser zugedeckt in ca. 20 Min. bissfest garen.

2 | In der Zwischenzeit Schinken und 100 g Käse würfeln. Den Speck ohne Schwarte klein würfeln. Backofen auf 200° vorheizen. Eine Auflaufform mit der Speckschwarte ausreiben.

3 | Die Kartoffeln abgießen und heiß durch eine Kartoffelpresse drücken oder mit dem Kartoffelstampfer zerdrücken. Mit Sahne, den Schinken- und Käsewürfeln mischen und mit Salz, Pfeffer und Muskat würzen.

4 | Das Kartoffelpüree in die vorbereitete Auflaufform geben und glatt streichen. Mit einem Löffel acht Vertiefungen in das Püree drücken. In vier Vertiefungen die aufgeschlagenen Eier, in die restlichen die Speckwürfel geben. Restlichen Käse darüber reiben. Im Backofen (Mitte, Umluft 180°) in ca. 30 Min. goldgelb garen. Mit Schnittlauchröllchen bestreuen.

für Gäste | gelingt leicht

Roquefort-Birnen-Auflauf

FÜR 4 PERSONEN

➤ **4 Scheiben Toastbrot**
75 ml trockener Weißwein
2 reife Birnen (ca. 350 g)
100 g Roquefort
1 kleiner Kopf Radicchio
75 g frisch geriebener Edamer
1 Ei | 125 g Sahne
Salz | Pfeffer
➤ **Butter für die Form**
Butterflöckchen

⏲ Zubereitung: 30 Min.
⏲ Backzeit: 30–40 Min.
➤ Pro Portion ca.: 370 kcal

1 | Den Backofen auf 200° vorheizen. Eine Auflaufform ausbuttern. Das Toastbrot hineinlegen und mit dem Weißwein beträufeln.

2 | Die Birnen waschen, schälen und ohne Kerngehäuse in dünne Spalten schneiden. Die Birnenspalten auf dem Toastbrot verteilen. Den Roquefort würfeln und darüber streuen.

3 | Den Radicchio putzen, waschen und trockenschleudern. Blätter ohne weiße Mittelrippe in feine Streifen schneiden. Die Radicchiostreifen über die Roquefortwürfel streuen, den Edamer darauf verteilen.

4 | Das Ei mit der Sahne, dem Salz und dem Pfeffer verquirlen und über den Auflauf gießen. Auflauf mit einigen Butterflöckchen belegen und 30–40 Min. (Mitte, Umluft 180°) backen, bis die Oberfläche gebräunt und die Eiermilch gestockt ist.

◄ *im Bild oben:* **Ofenguck** *im Bild unten:* **Roquefort-Birnen-Auflauf**

Fleisch & Fisch

Sie sind ja soooo praktisch! Denn bei diesen Rezepten gilt das Motto: Alles drin, alles dran. Fleisch, Fisch und Meeresfrüchte machen Auflauf & Co. rundum perfekt. Hier und da kommen noch Gemüse und ein paar raffinierte Gewürze dazu. Steht großer Besuch ins Haus? Dann beeindrucken Sie die Lieben doch mit solch einem Schlemmermahl. Das lässt sich gut vorbereiten, und Sie haben mehr Zeit für die Gäste. Denn wenn die dann vor der Türe stehen, heißt es aus der Küche nur noch: „Essen ist fertig!“

Blitzrezepte

Tex-Mex-Fischauflauf

FÜR 4 PERSONEN

- **600 g Rotbarsch- oder Kabeljaufilet Salz | 125 g Sahne | 200 ml Salsa- oder Texikanasauce | 5 EL frisch geriebener junger Gouda | 2 EL Mandelblättchen**
- **Butter und Mehl für die Form**

1 | Eine Auflaufform ausbuttern und leicht mit Mehl ausstäuben. Den Backofen auf 225° (Umluft 200°) vorheizen. Das Fischfilet in große Würfel schneiden, nach Belieben leicht salzen und gleichmäßig in der Form verteilen.

2 | Die Sahne halbsteif schlagen, die Salsasauce darunter ziehen und über den Fisch geben. Den Käse und die Mandelblättchen darüber streuen und im Ofen (Mitte) ca. 20 Min. backen, bis der Fisch gar und der Auflauf leicht gebräunt ist.

Schinkengratin

FÜR 2 PERSONEN

- **2 dicke Scheiben gekochter Schinken (je ca. 100 g) | 4 Chicoréestauden (je ca. 80 g) | 100 g Crème double | 50 ml Gemüsebrühe | Salz | Pfeffer 1 Msp. Curry | 2 EL Semmelbrösel 50 g frisch geriebener Greyerzer 1 EL gehackte Petersilie**

1 | Den Schinken würfeln. Den Chicorée waschen, putzen, halbieren und in etwa 1 cm dicke Scheiben schneiden. Beides in die Form geben.

2 | Ofen auf 180° (Umluft 160°) vorheizen. Crème double mit der Brühe mischen, mit Salz, Pfeffer und Curry würzen. Schinken-Chicorée-Mischung mit der Crème übergießen. Brösel, Käse und Kräuter darüber streuen. Gratin im Ofen (Mitte) in ca. 20 Min. goldbraun backen.

preiswert | gelingt leicht

Putencurry aus dem Ofen

FÜR 4 PERSONEN

- **4 EL Erdnussöl**
  300 ml Hühnerbrühe
  200 g Langkornreis
  5 reife Aprikosen
  1 rote Zwiebel
  400 g Putenbrust
  1 TL Curry | 200 g Sahne
  Salz | Pfeffer
  2 EL Erdnusscreme

Zubereitung: 25 Min.
Backzeit: 20 Min.
- Pro Portion ca.: 750 kcal

1 | Eine Auflaufform mit 1 EL Erdnussöl auspinseln. Backofen auf 200° (Umluft 180°) vorheizen.

2 | Hühnerbrühe aufkochen, den Reis dazugeben, ca. 1 Min. kochen lassen und anschließend zugedeckt 12–15 Min. quellen lassen. Reis in ein Sieb abgießen, abtropfen lassen und in der Form verteilen. Aprikosen waschen, halbieren und den Stein entfernen. Die Aprikosen auf dem Reis verteilen.

3 | Die Zwiebel schälen und fein würfeln. Die Putenbrust in Streifen schneiden. Das Fleisch im restlichen Erdnussöl scharf anbraten, die Zwiebelwürfel 1 Min. mitrösten. Curry kurz mit anrösten, alles mit Sahne ablöschen und mit Salz, Pfeffer und der Erdnusscreme abschmecken.

4 | Das Fleisch mit der Sauce über den Reis und die Aprikosen geben und im Backofen (Mitte) in ca. 20 Min. goldbraun backen.

Klassiker

Moussaka

FÜR 4 PERSONEN

- **1 Zwiebel**
  1 Knoblauchzehe
  500 g Auberginen
  2 EL Olivenöl
  250 g Hackfleisch
  1 Dose geschälte Tomaten (400 g Füllgewicht)
  Salz | Pfeffer
  2 TL Kräuter der Provence
  40 g frisch geriebener Parmesan
  1/4 l Béchamelsauce (selbstgemacht – Rezept Seite 6 – oder aus dem Supermarkt)

Zubereitung: 40 Min.
Backzeit: 50–60 Min.
- Pro Portion ca.: 370 kcal

1 | Backofen auf 200° vorheizen. Zwiebel und Knoblauch schälen und fein hacken. Auberginen waschen, putzen und in ca. 1 cm dicke Scheiben schneiden. In einer beschichteten Pfanne in 1 EL Öl anbraten und herausnehmen.

2 | Zwiebeln und Knoblauch in der Pfanne glasig andünsten, das Hackfleisch dazugeben und kräftig anbraten. Tomaten in der Dose grob zerkleinern, zum Hackfleisch geben und alles mit Salz, Pfeffer und Kräutern würzen.

3 | Auflaufform mit restlichem Öl auspinseln. Die Hälfte der Auberginen hineinlegen, mit etwas Parmesan bestreuen, die Hackfleischmasse darauf geben, etwas Parmesan darüber streuen, mit den restlichen Auberginen abdecken, Parmesan darauf streuen. Béchamelsauce über den Auflauf geben. Im Ofen in 50–60 Min. (Mitte, Umluft 180°) braun backen.

im Bild oben: **Putencurry aus dem Ofen** *im Bild unten:* **Moussaka**

mediterran | für Gäste

Kräuterhähnchen

FÜR 4 PERSONEN

- **3 EL Olivenöl**
- **2 Knoblauchzehen**
- **1/2 Bund gemischte Kräuter (z. B. Basilikum, Petersilie, Thymian)**
- **4 dünne Scheiben roher Schinken**
- **4 Hähnchenbrustfilets (je 120 g)**
- **Salz | Pfeffer**
- **4 Scheiben Toastbrot**
- **150 g frisch geriebener Gouda oder Greyerzer**
- **1/4 l Béchamelsauce (selbstgemacht – Rezept Seite 6 – oder aus dem Supermarkt)**
- **12 Salbeiblätter**

Zubereitung: 40 Min.
Backzeit: 15–20 Min.
Pro Portion ca.: 655 kcal

1 | Eine Auflaufform mit 1 EL Olivenöl auspinseln. Den Backofen auf 225° (Umluft 200°) vorheizen.

2 | Knoblauch schälen und fein hacken. Die Kräuter waschen und trockenschütteln, die Blättchen abzupfen und fein hacken. Den Schinken klein schneiden und mit den Kräutern vermischen.

3 | In jedes Hähnchenbrustfilet eine Tasche schneiden. Die Fleischtaschen mit der Schinken-Kräutermischung füllen und mit Zahnstochern zustecken. Hähnchenbrustfilets salzen und pfeffern.

4 | Das restliche Olivenöl in einer Pfanne erhitzen. Die Hähnchenbrustfilets darin von beiden Seiten je 2–3 Min. braun anbraten.

5 | Die Hähnchenbrustfilets aus der Pfanne nehmen und den gehackten Knoblauch darin ganz kurz anbraten.

6 | Das Toastbrot goldbraun toasten und in die vorbereitete Auflaufform legen. Den Knoblauch über das Toastbrot streuen. Das Hähnchenfleisch darauf legen.

7 | Die Hälfte des Käses unter die Béchamelsauce rühren. Die Sauce über das Fleisch gießen. Alles mit dem restlichen Käse bestreuen.

8 | Den Auflauf im Ofen (Mitte) in 15–20 Min. goldgelb überbacken. Nach ca. 12 Min. Salbeiblätter waschen, trockentupfen, auf dem Auflauf verteilen und noch kurze Zeit mitbacken.

1 **Füllung vorbereiten**
Den Schinken klein schneiden und mit den Kräutern vermischen.

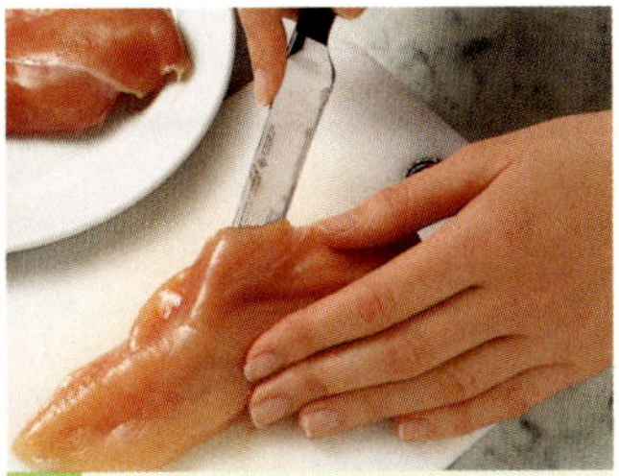

2 **Taschen schneiden**
Mit einem spitzen Fleischmesser in die Filets eine Tasche einschneiden.

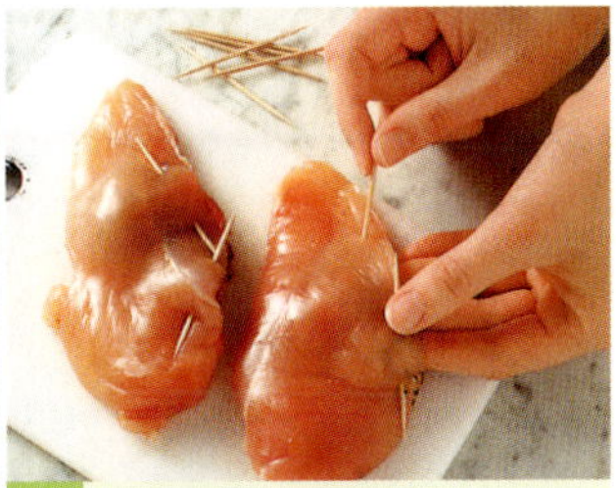

3 **Taschen füllen**
Kräutermischung in die Taschen geben und Taschen mit Zahnstochern zustecken.

für Gäste | herzhaft

Tunfischauflauf

FÜR 4 PERSONEN

- 1 Dose Tunfisch (naturell, Füllgewicht 185 g)
- 250 g frische Pasta (z. B. Tagliatelle aus dem Kühlregal)
- 150 g Erbsen (tiefgekühlt)
- 1/4 l Béchamelsauce (selbstgemacht – Rezept Seite 6 – oder aus dem Supermarkt)
- Salz | Pfeffer
- Muskatnuss
- 50 g geriebener Gratinkäse

Zubereitung: 10 Min.
Backzeit: 25–30 Min.
Pro Portion ca.: 390 kcal

1 | Den Tunfisch abtropfen lassen und mit Hilfe von zwei Gabeln in haselnussgroße Stücke zerpflücken. Den Backofen auf 200° (Umluft 180°) vorheizen.

2 | Lange Nudelsorten nach Belieben einmal durchschneiden. Den Tunfisch und die Erbsen mit den Nudeln vermischen und in eine hohe Auflaufform geben.

3 | Die Béchamelsauce mit 1/4 l Wasser verrühren, leicht salzen, pfeffern und mit Muskat würzen. Die Sauce über die Nudel-Tunfisch-Mischung gießen und im Backofen (Mitte) 15–20 Min. backen. Den Käse darüber streuen und den Auflauf in weiteren 10 Min. goldgelb überbacken.

als Vorspeise

Scampigratin

FÜR 2 PERSONEN

- 2 Eigelbe
- Salz | Pfeffer
- 100 g Sahne
- 3 EL trockener Weißwein
- 1 Msp. abgeriebene Zitronenschale
- 250 g gegarte und geschälte Scampi

Zubereitung: 15 Min.
Backzeit: 12–15 Min.
Pro Portion ca.: 315 kcal

1 | Den Backofen auf 200° (Umluft 180°) vorheizen. Ein Wasserbad vorbereiten (Seite 53): Einen Topf zur Hälfte mit Wasser füllen und dieses bis knapp unter den Siedepunkt erhitzen. Eine passende Edelstahlschüssel bereitstellen.

2 | Die Eigelbe mit Salz und Pfeffer in der Edelstahlschüssel verrühren, die Schüssel über das heiße Wasserbad hängen und die Masse mit dem Schneebesen oder Handrührgerät über dem Wasserbad hellgelb schaumig schlagen. Die Sahne löffelweise dazugeben und unterschlagen.

3 | Die Schaumsauce mit dem Weißwein und der Zitronenschale abschmecken.

4 | Die Scampi in einer Gratinform verteilen und mit der Schaumsauce übergießen. Das Gratin im Ofen (Mitte) 12–15 Min. goldgelb backen.

TIPP Das Scampigratin können Sie wahlweise auch mit Krebs-, Hummerfleisch, Lachs oder Lachsforelle zubereiten.

im Bild oben: Tunfischauflauf   im Bild unten: Scampigratin

gelingt leicht | für Gäste

Filetgratin

FÜR 4 PERSONEN

- **400 g Schweinefilet**
  3 EL Öl | Salz | Pfeffer
  150 g rote Paprikaschoten
  250 g Champignons
  400 g fest kochende Kartoffeln | 125 g Sahne
  2 Eier | 125 g geriebener Gratinkäse
  2 EL frisch gehackte Petersilie

Zubereitung: 25 Min.
Backzeit: 50–55 Min.
Pro Portion ca.: 510 kcal

1 | Fleisch in 2 cm dicke Scheiben schneiden und diese in 2 EL heißem Öl von beiden Seiten je 1–2 Min. goldbraun anbraten. Fleisch aus der Pfanne nehmen und mit Salz und Pfeffer würzen. Backofen auf 200° vorheizen.

2 | Paprika waschen, halbieren, putzen und in Streifen schneiden. Champignons putzen und in Scheiben schneiden. Kartoffeln schälen, waschen und in dünne Scheiben schneiden. Auflaufform mit Öl auspinseln.

3 | Die Sahne mit den Eiern verrühren und mit Salz und Pfeffer würzen. Die Hälfte des Käses darunter mischen.

4 | Fleisch und Gemüse einschichten, mit der Eier-Sahne-Mischung übergießen und im Backofen in ca. 40 Min. (Mitte, Umluft 180°) goldbraun backen. Den restlichen Käse darüber streuen und das Gratin weitere 10–15 Min. backen, bis der Käse leicht gebräunt ist. Auflauf mit Petersilie bestreut servieren.

mediterran | für Gäste

Gratinierter Lachsrisotto

FÜR 3–4 PERSONEN

- **200 g Risottoreis**
  2 EL Sonnenblumenöl
  350 ml Gemüsebrühe
  100 ml trockener Weißwein
  3 EL Semmelbrösel
  600 g Lachsfilet
  125 g Sahne | 2 Eier | Salz
  1 EL frisch gehackter Dill
- **Butter für die Form**
  Butterflöckchen

Zubereitung: 40 Min.
Backzeit: 25–30 Min.
Pro Portion ca.: 730 kcal

1 | Den Reis in heißem Öl glasig werden lassen, mit der Gemüsebrühe aufgießen und unter Rühren solange leise kochen lassen, bis die Flüssigkeit fast aufgesogen wurde.

2 | Weißwein mit 1/4 l heißem Wasser mischen, so viel davon zum Reis gießen, dass der Reis fingerbreit bedeckt ist. Leise kochen lassen, immer wieder etwas Flüssigkeit angießen und rühren. Reis ca. 20 Min. garen, etwas abkühlen lassen.

3 | Den Backofen auf 200° (Umluft 180°) vorheizen. Eine Auflaufform ausbuttern, mit 1 EL Semmelbrösel ausstreuen. Das Lachsfilet würfeln. Sahne steif schlagen.

4 | Eier mit 1/2 TL Salz schaumig rühren. Reis unterziehen. Fisch und Dill unterheben, dann die Sahne. Masse in die Form füllen. Mit Semmelbröseln bestreuen und mit Butterflöckchen belegen. Im Ofen 25–30 Min. backen.

im Bild oben: Gratinierter Lachsrisotto *im Bild unten:* Filetgratin

Süße Speisen & Desserts

Naschkatzen aufgepasst! Jetzt kommen die süßen Leckereien aus der Auflaufküche. Ob Großmutters leckerer Schokoladenauflauf, kleine Früchtegratins mit Häubchen oder locker-luftige Eiersoufflés: Die Süßen sind allesamt Labsal für die Zunge, Balsam für die Seele und versprechen so ein Stückchen vom Himmel schon auf Erden.

Blitzrezepte

Bananengratin

FÜR 4 PERSONEN

➤ **4 große Bananen | 1 EL Zitronensaft 40 g Butter | 8 EL Zucker | 4 EL Kokosflocken**

1 | Die Bananen schälen, der Länge nach halbieren, nebeneinander in eine feuerfeste Form legen und mit Zitronensaft bepinseln.

2 | Den Backofengrill vorheizen. Die Butter schmelzen, Bananen damit bestreichen. Den Zucker mit den Kokosflocken vermischen und auf die gebutterten Bananenhälften streuen.

3 | Die Bananen unter den vorgeheizten Grillschlangen auf der oberen Einschubleiste 5–10 Min. grillen, bis der Zucker zu karamellisieren beginnt. Herausnehmen und warm servieren.

Aprikosen-Clafoutis

FÜR 4 PERSONEN

➤ **1 Dose Aprikosenhälften (850 g Füllgewicht) | 4 Eier | Salz | 1 Päckchen Vanillezucker | 100 g Zucker | 100 g Mehl | 50 g gemahlene Mandeln | 1 EL Puderzucker**

➤ **Butter für die Form**

1 | Backofen auf 180° vorheizen. Aprikosen abtropfen lassen. Die Eier trennen. Eiweiße mit 1 Prise Salz steif schlagen.

2 | Eigelbe mit 2 EL warmem Wasser und Vanillezucker schaumig schlagen, Zucker einrieseln lassen. Das Mehl auf die Eigelbmasse sieben, die Mandeln dazugeben, beides unterziehen. Eischnee unterheben. Schaummasse in eine gebutterte Auflaufform geben und die Aprikosen darauf verteilen. Im Ofen (Mitte, Umluft 160°) in 30–40 Min. goldbraun backen. Herausnehmen und mit Puderzucker bestäuben.

Klassiker | für Gäste

Kirschenmichel

FÜR 4 PERSONEN

- **gut 1/2 l Milch | Salz**
  1 gestr. TL Zitronenzucker (Fertigprodukt, Backregal)
  75 g Zucker | 3 Eier
  6 Brötchen (vom Vortag)
  750 g Süßkirschen
- **Butter für die Form**
  Butterflöckchen

Zubereitung: 35 Min.
Backzeit: 30–40 Min.
- Pro Portion ca.: 530 kcal

1 | Milch leicht erwärmen, mit 1 Prise Salz, Zitronenzucker und Zucker vermischen. Eier verquirlen und unter die Milch schlagen.

2 | Brötchen in dünne Scheiben schneiden, mit drei Viertel der Eiermilch übergießen. Durchziehen lassen. Den Backofen auf 200° vorheizen.

3 | Die Kirschen waschen und entsteinen. Eine Auflaufform ausbuttern. Abwechselnd eine Lage Brötchenscheiben und eine Lage Kirschen einschichten. Als letzte Schicht Brötchenscheiben verwenden, restliche Eiermilch darüber gießen.

4 | Den Auflauf mit Butterflöckchen belegen und 30–40 Min. (Mitte, Umluft 175°) backen, bis die Eiermilch aufgesogen ist und der Auflauf eine goldbraune Farbe hat.

Klassiker auf neue Art

Scheiterhaufen

FÜR 4 PERSONEN

- **je 1/4 l Milch und Apfelsaft**
  1 gestr. TL Zitronenzucker (Fertigprodukt, Backregal)
  150 g Zucker | 5 Eier
  6 Brötchen (vom Vortag)
  750 g saftige Äpfel (z. B. Idared)
  500 g Speisequark
  50 g Rosinen
- **Butter für die Form**
  Butterflöckchen

Zubereitung: 50 Min.
Backzeit: 45 Min.
- Pro Portion ca.: 770 kcal

1 | Die Milch mit dem Apfelsaft, dem Zitronenzucker und 50 g Zucker vermischen.
3 Eier verquirlen und unter die Milchmischung schlagen.

2 | Die Brötchen in Scheiben schneiden und mit drei Viertel der Eiermilchmischung übergießen. Backofen auf 200° vorheizen.

3 | Die Äpfel waschen, schälen, vierteln, die Kerngehäuse entfernen und die Apfelspalten in dünne Scheiben schneiden. Die beiden restlichen Eier trennen. Eiweiße zu Eischnee schlagen.

4 | Die Eigelbe mit dem restlichen Zucker schaumig schlagen. Den Quark unterrühren und den Eischnee unterziehen.

5 | Eine Auflaufform ausbuttern. Lagenweise eingeweichte, durchgezogene Brötchenscheiben, Quarkmasse, Apfelspalten und Rosinen einschichten. Als letzte Schicht Brötchenscheiben verwenden und die restliche Eiermilchmischung darüber gießen.

6 | Den Auflauf mit Butterflöckchen belegen und in ca. 45 Min. im vorgeheizten Backofen (Mitte, Umluft 175°) goldbraun backen.

◄ *im Bild oben:* **Kirschenmichel** *im Bild unten:* **Scheiterhaufen**

schmeckt auch kalt

Grießauflauf mit Beeren

FÜR 4 PERSONEN

- **1 l Milch | Salz**
  1 Stückchen unbehandelte Zitronenschale
  200 g Weichweizengrieß
  250 g gemischte Beeren (z. B. Himbeeren, Brombeeren, Johannisbeeren)
  4 Eier | 100 g Butter
  75 g Zucker
- **Butter für die Form**
  Butterflöckchen

Zubereitung: 45 Min.
Backzeit: 50–60 Min.
- Pro Portion ca.: 700 kcal

1 | Milch mit 1 Prise Salz und Zitronenschale aufkochen, den Grieß einstreuen und unter Rühren gar kochen. Grießbrei auskühlen lassen.

2 | Beeren verlesen, waschen und gut abtropfen lassen. Auflaufform ausbuttern. Backofen auf 200° vorheizen.

3 | Die Eier trennen. Die Eiweiße steif schlagen. Die Butter mit dem Handrührgerät schaumig schlagen, abwechselnd Zucker einrieseln lassen und Eigelbe unterschlagen. Abgekühlten Grießbrei löffelweise zur Schaummasse rühren. Ein Drittel des Eischnees mit dem Schneebesen unterrühren, den restlichen Eischnee unterheben.

4 | Die Hälfte der Auflaufmasse in die Form geben, die Hälfte der Beeren darauf verteilen, dann die restliche Masse darauf streichen, übrige Beeren darauf legen. Auflauf mit Butterflöckchen belegen und im Backofen (Mitte, Umluft 180°) in 50–60 Min. goldbraun backen.

für Kinder

Haferflockenauflauf

FÜR 4 PERSONEN

- **125 g Haferflocken**
  100 g Butter
  350 g säuerliche Äpfel (z. B. Boskop)
  3 Eier | Salz
  100 g Zucker | 100 ml Milch
  20 g Speisestärke
  1 gestr. TL Zimtpulver
  1 TL Backpulver
  25 g Schokoladenraspel

Zubereitung: 30 Min.
Backzeit: 40–45 Min.
- Pro Portion ca.: 570 kcal

1 | Haferflocken in 1 TL Butter goldgelb anrösten. Auskühlen lassen.

2 | Eine Auflaufform mit 1 EL Butter ausbuttern. Die Äpfel waschen, schälen, in dünne Ringe schneiden. Die Form mit einer Lage Apfelringe auslegen. Den Backofen auf 225° vorheizen.

3 | Die Eier trennen. Die Eiweiße mit 1 Prise Salz steif schlagen. Restliche Butter schaumig schlagen, abwechselnd Eigelbe und Zucker unterschlagen. Milch, Haferflocken, Stärke, Zimt und Backpulver unterrühren. Den Eischnee unterheben.

4 | Die Hälfte der Masse in die Form geben, mit einer Lage Apfelringe belegen. Restliche Auflaufmasse einfüllen und mit Apfelringen abdecken. Auflauf im Ofen (Mitte, Umluft 200°) 40–45 Min. backen. Mit Schokoraspeln bestreuen und im warmen Ofen schmelzen.

für Gourmets

Champagner-Trauben-Gratin

FÜR 4 PERSONEN

- **400 g blaue und kernlose grüne Weintrauben**
  4 Eigelbe | 150 g Zucker
  200 ml Champagner (ersatzweise Sekt)
  150 g Sahne
  1 EL Puderzucker
- **Butter für die Förmchen und Minze zum Garnieren**

Zubereitung: 20 Min.
Backzeit: 10–15 Min.
- Pro Portion ca.: 450 kcal

1 | Vier flache Portionsförmchen ausbuttern. Den Backofen auf 220° (Umluft 200°) vorheizen. Die Weintrauben waschen und abtropfen lassen. Die blauen Trauben halbieren und entkernen. Grüne und halbierte blaue Trauben auf die vorbereiteten Förmchen verteilen.

2 | Ein Wasserbad vorbereiten: Einen Topf zur Hälfte mit Wasser füllen und dieses bis knapp unter den Siedepunkt erhitzen. Eine passende Edelstahlschüssel bereitstellen.

3 | Die Eigelbe mit dem Zucker in der Edelstahlschüssel verrühren, die Schüssel übers heiße Wasserbad hängen und die Masse mit dem Schneebesen oder Handrührgerät über dem Wasserbad schaumig aufschlagen.

4 | Schüssel vom Wasserbad nehmen, den Champagner schluckweise unter die Eigelbmasse schlagen und die Masse kalt rühren.

5 | Die Sahne steif schlagen und unter die Creme ziehen. Die Creme über die Trauben gießen. Gratin im vorgeheizten Backofen (Mitte) in 10–15 Min. goldgelb backen. Mit Puderzucker bestäuben und sofort servieren.

TIPP

Die Gratins können Sie auch mit einer Quarkschaumhaube zubereiten. Dazu 2 Eigelbe mit 3 EL Puderzucker und 1 gestrichenen EL Speisestärke sowie 1 Prise Salz schaumig schlagen. 150 g Sahnequark und 50 g Frischkäse unterrühren. Die Masse auf den Trauben verteilen und bei 220° (Mitte, Umluft 200°) in ca. 10 Min. goldbraun gratinieren.

1 Erhitzen

Wasser bis knapp unter den Siedepunkt erhitzen. Eine passende Edelstahlschüssel bereitstellen.

2 Aufschlagen

Eigelbe mit dem Zucker verrühren, über dem heißen Wasserbad schaumig aufschlagen.

3 Kalt rühren

Schüssel vom Wasserbad nehmen, Champagner unterschlagen und Masse kalt rühren.

preiswert

Vanillesoufflé

FÜR 4 PERSONEN

➤ **1/2 Vanilleschote**
140 ml Milch | 30 g Butter
Salz | 30 g Mehl
ca. 70 g Zucker | 2 Eier
1 unbehandelte Zitrone

➤ **Butter für die Förmchen**

◷ Zubereitung: 30 Min.
◷ Backzeit: 20–25 Min.
➤ Pro Portion ca.: 220 kcal

1 | Die Vanilleschote aufschlitzen und das Mark herauskratzen. Schote und Mark zur Milch geben. Milch und Vanille mit der Butter und 1 Prise Salz 1–2 Min. leise kochen lassen, dann Vanilleschote herausnehmen.

2 | Das Mehl auf einmal in die Milch geben und unterrühren. Die Masse abrösten, d. h. so lange rühren, bis sie sich vom Topfboden löst. Die Brandteigmasse in eine kalte Rührschüssel geben und auskühlen lassen.

3 | Vier kleine Souffléförmchen am Boden ausbuttern und jeweils 1 gestrichenen TL Zucker hineinstreuen. Den Backofen auf 175° vorheizen. Die Eier trennen. Die Eiweiße zu Eischnee schlagen, dabei den restlichen Zucker einrieseln lassen.

4 | Die Eigelbe nacheinander unter die ausgekühlte Brandteigmasse rühren. Die Zitrone waschen, die Schale abreiben und eine Zitronenhälfte auspressen. Den Saft und die abgeriebene Zitronenschale unter die Teigmasse mischen. Den Eischnee unterziehen.

5 | Die Soufflémasse in die Förmchen füllen, diese sollen zu drei Vierteln gefüllt sein. Im Backofen (Mitte, Umluft 160°) in 20–25 Min. goldgelb backen. Sofort servieren.

für Gäste | Klassiker

Schokoladenauflauf

FÜR 4 PERSONEN

➤ **200 ml Milch**
100 g Zartbitterschokolade
5 Eier | 100 g Zucker
1 Päckchen Vanillezucker
1 Päckchen Orangenzucker (Fertigprodukt, Backregal)
4 EL Mehl | 40 g Butter
40 ml Rum (ersatzweise Milch)
1 EL Puderzucker

➤ **Butter für die Form**

◷ Zubereitung: 20 Min.
◷ Ruhezeit: 15–20 Min.
◷ Backzeit: 30–40 Min.
➤ Pro Portion ca.: 520 kcal

1 | Milch erhitzen, Schokolade zerkleinern und in der Milch schmelzen. Eier trennen. Die Eiweiße steif schlagen. Eigelbe mit Zucker, Vanille- und Orangenzucker schaumig schlagen. Das Mehl unterrühren.

2 | Die heiße Schokoladenmilch unter die Eiermasse schlagen, unter Rühren einmal aufkochen. Die Butter und den Rum untermischen. Die Masse 15–20 Min. kalt stellen. Auflaufform ausbuttern. Ofen auf 180° vorheizen.

3 | Den Eischnee unter die lauwarme Creme heben. Die Auflaufmasse in der Form glatt streichen und im Backofen (Mitte, Umluft 160°) 30–40 Min. backen. Mit Puderzucker bestäubt servieren.

Klassiker auf neue Art

Pflaumengratin

FÜR 4 PERSONEN

- **1 Glas Pflaumen (700 g Füllgewicht)**
  12 Löffelbiskuits
  3 Eigelbe
  2 EL Zwetschgenwasser
  60 g Zucker
  1 Päckchen Vanillezucker
  1 Msp. gemahlener Koriander
  150 g Sahne
  1 EL Puderzucker
- **Butter für die Form**

Zubereitung: 20 Min.
Backzeit: 12–15 Min.
Pro Portion ca.: 420 kcal

1 | Gratinform fetten. Den Ofen auf 220 ° (Umluft 200 °) vorheizen. Die Pflaumen abgießen, den Saft auffangen. Biskuits in die Form legen, mit etwas Saft beträufeln.

2 | Ein Wasserbad vorbereiten (Seite 53). Die Eigelbe mit Zwetschgenwasser, Zucker, Vanillezucker und Koriander über dem heißen Wasserbad aufschlagen. Creme vom Wasserbad nehmen und kalt weiterrühren.

3 | Die Sahne steif schlagen und unter die Creme ziehen. Die Creme in der Gratinform verteilen, die Pflaumen darauf setzen. Das Gratin im Backofen (Mitte) in 12–15 Min. goldgelb backen. Mit Puderzucker bestäuben und sofort servieren.

TIPP

Zum Gratin lauwarme Zimtsauce reichen: 1/4 l Pflaumensaft mit 2 Zimtstangen 10 Min. zugedeckt leise kochen lassen. Zimtstangen entfernen. 1 gehäuften TL Speisestärke mit 1 EL Zwetschgenwasser anrühren und in den kochenden Saft einrühren. Einmal aufkochen.

Gelingt leicht

Karibischer Reisauflauf

FÜR 4 PERSONEN

- **1 Päckchen Instant-Milchreis**
  1/2 l Milch
  1 vollreife Ananas
  2 Eier | 4 EL Zucker
  30 g Kokosflocken
  2 EL Semmelbrösel
- **Butter für die Form**
  Butterflöckchen

Zubereitung: 20 Min.
Backzeit: 30 Min.
Pro Portion ca.: 430 kcal

1 | Instant-Milchreis nach Packungsangabe mit der Milch zubereiten, einige Minuten abkühlen lassen.

2 | Die Ananas vierteln, Schale und harten Kern entfernen. Das Fruchtfleisch in Stücke schneiden. Den Backofen auf 200 ° vorheizen. Eine Auflaufform ausbuttern.

3 | Die Eier mit 2 EL Zucker schaumig schlagen, abgekühlten Reis unterrühren. Die Hälfte des Reisbreis in die Auflaufform geben und die Ananasstücke auf dem Reisbrei verteilen. Den restlichen Reisbrei darauf verteilen und glatt streichen.

4 | Die Kokosflocken, Semmelbrösel und den restlichen Zucker mischen und auf den Reisbrei streuen. Alles mit Butterflöckchen belegen und im Backofen (Mitte, Umluft 175 °) ca. 30 Min. backen.

◄ *im Bild oben:* **Pflaumengratin** *im Bild unten:* **Karibischer Reisauflauf**

preiswert | für Kinder

Pfitzauf

FÜR 4 PERSONEN

- **300 g Mehl | 70 g Zucker Salz | ca. 3/4 l Milch 5 Eier | 50 g Butter 2 TL Zimtpulver**
- **Butter für die Förmchen (siehe Tipp)**

Zubereitung: 15 Min.
Ruhezeit: 10 Min.
Backzeit: 20–25 Min.
- Pro Portion ca.: 645 kcal

1 | Mehl in eine Schüssel sieben und mit 50 g Zucker und 1 Prise Salz vermischen. In die Mitte eine Mulde drücken, gut 1/4 l Milch in die Mulde gießen und mit etwas Mehl dickflüssig anrühren.

2 | Die Eier einzeln in die Schüssel aufschlagen und jeweils mit dem Mehlbrei verrühren. Dann nach und nach soviel Milch unterrühren, dass ein dickflüssiger Pfannkuchenteig entsteht.

3 | Die Butter schmelzen und lauwarm unter den Teig schlagen. Den Teig ca. 10 Min. quellen lassen.

4 | Inzwischen den Backofen auf 175° vorheizen. Vier Pfitzaufförmchen ausbuttern. Den Teig halbhoch einfüllen und in 20–25 Min. (Mitte, Umluft 160°) backen.

5 | Den restlichen Zucker mit dem Zimt vermischen. Die Pfitzauf damit bestreuen und sofort servieren.

TIPP Statt Pfitzaufförmchen können Sie auch kleine Portionsförmchen für Soufflés oder Muffinförmchen verwenden.

macht was her

Salzburger Nockerln

FÜR 4 PERSONEN

- **4 Eier | Salz 75 g Zucker 50 g Butter 1 Päckchen Vanillezucker 2 EL Mehl 2 EL Puderzucker**
- **Butter für die Form**

Zubereitung: 20 Min.
Backzeit: 12–15 Min.
- Pro Portion ca.: 300 kcal

1 | Den Backofen auf 200° (Umluft 180°) vorheizen. Eine Auflaufform ausbuttern.

2 | Die Eier trennen. Die Eiweiße mit 1 Prise Salz mit dem Handrührgerät steif schlagen, 25 g Zucker nach und nach unterschlagen und weiterrühren, bis sich der Zucker aufgelöst hat und der Eischnee Spitzen zieht.

3 | Die Butter mit den Eigelben, dem restlichen Zucker und dem Vanillezucker schaumig rühren. Den Eischnee auf die Schaummasse legen, das Mehl darüber sieben und beides rasch aber vorsichtig unter die Schaummasse ziehen.

4 | Die Nockerlmasse mit einem großen Löffel in vier Portionen in die Form einlegen und im Backofen (Mitte) in 12–15 Min. goldgelb backen. Nockerln in der Form mit dem Puderzucker bestäuben und sofort servieren.

◄ *im Bild oben:* **Salzburger Nockerln** *im Bild unten:* **Pfitzauf**

HINWEIS

Die Temperaturstufen bei Gasherden variieren von Hersteller zu Hersteller. Welche Stufe Ihres Herdes der jeweils angegebenen Temperatur entspricht, entnehmen Sie bitte der Gebrauchsanweisung.

Die Autoren

Pia Richardt wurde die Freude an gutem Essen in die Wiege gelegt. Beide Großmütter waren Köchinnen, der Großvater Konditor. Sie selbst arbeitete als Food-Redakteurin für verschiedene Verlage, bevor sie die Lust am Kreieren eigener Gerichte entdeckte.

Bärbel Schermer kultiviert Ihre Leidenschaft für gutes Essen und Trinken auch beruflich: Sie hat das Kochen von der Pike auf gelernt und durch ein Oecotrophologie-Studium ergänzt. Heute lebt und arbeitet sie als freie Journalistin in München.

Der Fotograf

Der individuelle, atmosphärenreiche Stil von **Michael Brauner** wird überall geschätzt: in der Werbung ebenso wie in vielen bekannten Verlagen. In seinem Studio in Karlsruhe setzt er die Rezepte zahlreicher GU-Titel stimmungsvoll ins Bild.

Bildnachweis

Titelbild:
Jörn Rynio, Hamburg;
alle anderen:
Michael Brauner

Programmleitung: Doris Birk
Redaktion: Stefanie Poziombka, Tanja Germann
Lektorat: Susanne Bodensteiner
Satz: Appl, Wemding
Umschlaggestaltung, Layout, Typographie: independent medien-Design, München
Herstellung: Maike Harmeier
Reproduktion, Druck und Bindung: Appl, Wemding

ISBN (10) 3-7742-5941-0
ISBN (13) 978-3-7742-5941-6

Auflage 5. 4.
Jahr 2007 06 05

GRÄFE UND UNZER

Ein Unternehmen der
GANSKE VERLAGSGRUPPE

Das Original mit Garantie

Ihre Meinung ist uns wichtig. Deshalb möchten wir Ihre Kritik, gerne aber auch Ihr Lob erfahren. Um als führender Ratgeberverlag für Sie noch besser zu werden. Darum: Schreiben Sie uns! Wir freuen uns auf Ihre Post und wünschen Ihnen viel Spaß mit Ihrem GU-Ratgeber.

Unsere Garantie: Sollte ein GU-Ratgeber einmal einen Fehler enthalten, schicken Sie uns das Buch mit einem kleinen Hinweis und der Quittung innerhalb von sechs Monaten nach dem Kauf zurück. Wir tauschen Ihnen den GU-Ratgeber gegen einen anderen zum gleichen oder ähnlichen Thema um.

GRÄFE UND UNZER VERLAG
Redaktion
Kochen & Verwöhnen
Postfach 86 03 25
81630 München
Fax: 089/41981-113
e-mail: leserservice@graefe-und-unzer.de

GU KÜCHENRATGEBER

Neue Rezepte für den großen Kochspaß

ISBN (10) 3-7742-5721-3
ISBN (13) 978-3-7742-5721-4

ISBN (10) 3-7742-5462-1
ISBN (13) 978-3-7742-5462-6

ISBN (10) 3-7742-5456-7
ISBN (13) 978-3-7742-5456-5

ISBN (10) 3-7742-4882-6
ISBN (13) 978-3-7742-4882-3

ISBN (10) 3-7742-5457-5
ISBN (13) 978-3-7742-5457-2

ISBN (10) 3-7742-5452-4
ISBN (13) 978-3-7742-5452-7

64 Seiten, 7,50 € [D]

Das macht die GU Küchenratgeber zu etwas Besonderem:

- *Rezepte mit maximal 10 Hauptzutaten*
- *Blitzrezepte in jedem Kapitel*
- *alle Rezepte getestet*
- *Geling-Garantie durch die 10 GU-Erfolgstipps*

GU

Willkommen im Leben.

BASIS FÜR KÖSTLICHE VARIATIONEN

- Es muss nicht immer Milch sein. Variieren Sie Béchamelsauce ganz nach Geschmack: Für Geflügelgerichte eignet sich Geflügelfond; zu Fisch und Meeresfrüchten wählt man Fischfond, den man mit etwas Sahne verfeinern kann; zu Gemüse-, Pilz- und Eiergerichten passt Gemüse- oder Kräuterbrühe; bei Teigwaren und Gemüsegerichten auch einmal Milch und Sahne mischen.

Geling-Garantie für Aufläufe & Co.

RUND UM SOUFFLÉS

- Kleine Soufflés gehen besonders luftig auf, wenn Sie die Form bis zur Hälfte in heißes Wasser stellen. Dazu Form in eine Fettpfanne oder ein ausreichend großes Gefäß setzen, Wasser angießen. Die Garzeit verlängert sich um etwa 5 Min.
- Damit das Soufflé beim Backen nicht in sich zusammenfällt, die Backofentür während der ersten 15 Min. auf keinen Fall öffnen.

AUF DEN KOPF GESTELLT

- Wollen Sie kleine Soufflés oder ähnliches aus den Förmchen stürzen, am besten zuvor den Rand vorsichtig mit einem dünnen und möglichst schmalen Messer rundherum lockern. Dann die Form umdrehen und leicht auf den Boden klopfen.

BITTE KEINE VÖLLEREI!

- Die Auflauf- und Souffléformen nur bis wenige Zentimeter unterhalb des Randes befüllen, damit die Massen Platz haben, um locker aufzugehen, ohne dass die Formen überlaufen.